Histoire financière - Le budget socialiste

1850

LÉON FAUCHER

TABLE DES MATIÈRES

HISTOIRE FINANCIÈRE

La critique de la société est devenue une thèse banale. Ce lieu commun, débité sans et déjà écouté sans avidité, tend évidemment à s'épuiser. Avec des déclamations plus ou moins passionnées ou plus ou moins habiles contre la religion, contre la famille, contre la propriété et contre l'impôt, l'on abuse plus que les intelligences peu exercées ou naturellement grossières. Après trente années de disputes, nous n'avons plus rien à apprendre ni à enseigner sur le milieu dans lequel chacun de nous est appelé à vivre ; notre état social est percé à jour. Ce qui a survécu aux révolutions, ce que le temps et les hommes ont épargné résistera certainement à la controverse. En tout cas, au lendemain d'une tempête politique qui a ébranlé tout ce qu'elle n'a pas renversé, quel besoin pourrions-nous encore éprouver de démolir et de détruire ? Dans de pareils momens, la discussion est à peine possible, et l'opposition des bons citoyens se sent désarmée. Quand la redoutable et funeste voix de la place publique a grondé, qu'avons-nous affaire de la tribune aux harangues ?

Et quel serait le prétexte de l'agitation après tout ? Il n'y a plus en France ni volonté ni pouvoir de contester les réformes vraiment utiles ; en revanche, il n'y a pas de sympathies pour la politique d'aventures, ni pour les plagiaires de Saint-Just ou de Baboeuf. Après deux années de tâtonnemens, on veut sortir enfin de l'incertain et du précaire ; une halte n'est pas plus permise dans le vide que dans la boue. Reprenons donc notre marche au point où les événemens l'ont interrompue. La société française, que l'ouragan révolutionnaire a repoussée vers le désert, ne s'y abritera pas long-temps sous la tente. Le moment de la reconstruction est venu. Replaçons résolûment sur l'autel les principes que nous avons sauvés du naufrage. Les hommes qui ne voudront pas que la société se rejette vers ce qu'ils appellent l'ancien monde auront à lui présenter et à lui faire accepter un monde nouveau. Assez de négations comme cela.Désormais les sectes et les partis n'auront de valeur que par les matériaux qu'ils apporteront à l'édifice.

Les socialistes eux-mêmes commencent à comprendre ces nécessités de notre époque. Les écrits et les discours qu'ils mettent aujourd'hui en circulation ont perdu de leur âpreté sauvage. Ils cherchent à se rallier derrière un principe commun, ils bégaient des formules, ils prennent un air doctrinaire, et rendent ainsi un hommage involontaire à l'ascendant de l'esprit public. On les a si souvent mis en demeure de faire connaître ce qu'ils veulent et ce qu'ils sont, qu'ils ont fini par relever le défi, quoique sans aller au fond des questions et d'assez mauvaise grace. Après la liste des institutions qu'ils s'efforcent de détruire est venue l'esquisse de celles qu'ils ont la prétention de fonder. Un d'eux s'était écrié, dans un accès de franchise : « Le pouvoir ! eh ! qu'en ferions-nous ? » Un autre lui a répondu de Londres par un programme complet, qui reproduit mot à mot le programme déjà trop connu du Luxembourg sous le gouvernement provisoire. Les manifestes pullulent de toutes parts. Après la montagne de Paris, la montagne de Londres a publié le sien, sans parler des définitions de M. Pierre Leroux, qui s'est cru appelé, par je ne sais quelle mission d'en haut, à faire cesser dans les rangs des frères et amis l'inévitable confusion des langues.

Qu'est-il résulté de ce changement de front ? Je ne me propose pas de le rechercher dans toutes les directions ni de parcourir, au point de vue doctrinal, l'encyclopédie du socialisme ; mais les théories de cette école, en matière de budget, étant celles que les sectaires ont principalement travaillé à mettre en relief et formant leur vrai champ de bataille, il semble plus utile et plus opportun de les suivre sur le terrain qu'ils ont choisi. Défendre contre les socialistes le budget de l'état et l'assiette de l'impôt, faire, dans l'intérêt de la paix publique et de la vérité, l'autopsie du budget socialiste, voilà l'objet de l'étude à laquelle je me suis livré.

Quand on discute les systèmes que la maladie du jour a produits, on s'efforce généralement d'en saisir et d'en signaler les différences, L'argument est excellent, si l'on veut se borner à démontrer que le socialisme ne peut engendrer que l'anarchie. Nous avons vu M. Proudhon et M. Louis Blanc aux prises, déversant l'un sur l'autre, de la main la plus libérale, la haine et le mépris. Il n'y a pas de mal à prouver que cette guerre intestine existait entre les idées avant de se déclarer entre les hommes ; le spectacle de leurs contradictions est aussi instructif que celui de leurs passions et de leurs fureurs.

Cependant je me suis placé à un autre point de vue. Au lieu d'examiner si le parti socialiste, à raison de son personnel et de ses doctrines, avait qualité pour aspirer au pouvoir, je l'ai supposé (que l'on me pardonne une hypothèse aussi éloignée de la réalité) maître du gouvernement, et je me suis demandé, en recherchant ce qui était commun à toutes ces sectes et à tous les chefs de secte, dans leurs projets, dans leurs discours et jusque dans leurs préjugés ou dans leurs chimères, ce qu'ils feraient, comme ministres ou comme membres de la majorité, des finances du pays. En partant de cette donnée, l'on comprendra que je me sois préoccupé surtout des analogies et des ressemblances.

Que les socialistes s'accordent dans la critique de notre état financier, en vérité ce n'est pas merveille. Il ne faut pour cela que servir d'écho, à tour de rôle, aux cinq ou six lieux communs qu'un journalisme nauséabond à force de cynisme et d'ignorance a mis depuis février en circulation. Dites hardiment que les dépenses publiques sont excessives, sans examiner les causes qui ont concouru à aggraver les charges de l'état ; allez vous récrier, dans les réunions électorales ou dans les banquets, contre l'accroissement de la dette, sans y reconnaître la carte à payer des révolutions ; plaignez-vous amèrement du fardeau des impôts, sans tenir compte du dégrèvement récent de 17 centimes, de la réforme opérée dans la taxe des lettres, et de la réduction des deux tiers qu'a subie l'impôt du sel, comme aussi en oubliant que ce fut le gouvernement provisoire qui, pour combler l'abîme ouvert par ses mains, surchargea de 45 centimes, dans l'année la plus calamiteuse et la plus agitée, les quatre contributions directes ; accusez l'infâme capital de tous les maux qui affligent le monde ; dites que les salaires sont trop bas, comme si les révolutions avaient pour effet de développer le commerce et l'industrie ; versez enfin des larmes hypocrites sur le sort de l'agriculture, qui emprunte à un taux plus élevé et qui vend ses produits à plus vil prix depuis la république, comme si les temps de trouble étaient propices pour fonder des institutions de crédit, et avec ce bagage de mots, qui deviendra une sorte de passeport socialiste et un signe infaillible de reconnaissance, vous serez admis à fraterniser avec toutes les sectes de l'anarchie d'un bout à l'autre de l'Europe.

Mais ce n'est pas seulement dans la critique de notre système financier que les anarchistes s'accordent ; à quelque école qu'ils appartiennent, on démêle à travers leurs divagations un certain nombre de vues communes qui peuvent leur servir à dresser le budget de la république démocratique et sociale. Oui, la chose est certaine, les socialistes ont inventé un budget. Que ce soit M. Ledru-Rollin qui arrive au pouvoir ou M. Mathieu de la Drôme, que la direction échoie à la montagne de Londres ou à la montagne de Paris, le résultat sera absolument le même. Nous ne changerons pas de dictature en changeant de dictateur ; les finances de la république sociale, quelles que soient les mains qui étreignent alors le pays et qui tiennent les cordons de la bourse, seront soumises à la haute pression des mêmes idées et abandonnées au péril des mêmes expériences.

Le 22 mars dernier, lorsqu'un socialiste plus hardi et plus naïf que ses pareils, M. Pelletier, vint à la tribune de l'assemblée nationale traduire en chiffres les visions du parti et nous dire à quel prix le gouvernement de la fraternité pourrait s'établir et se charger de nous conduire, la montagne parut effrayée de cette révélation, et l'on entendit courir sur ses bancs un murmure de désaveu. Ainsi que l'a fait remarquer M. Mortimer-Ternaux, l'éditeur du budget socialiste se vit un moment abandonné par les siens, et n'eut pas même d'abord comme M. Proudhon, un adhérent pour le suivre dans sa solitude. Toutefois cet isolement dura peu. Si la montagne n'a pas encore revêtu d'une sanction officielle les chiffres de M. Pelletier, elle a du moins adopté solennellement les bases sur lesquelles reposent des calculs qui n'avaient d'autre tort à ses yeux que la publicité qu'ils avaient reçue. Quatre-vingt-neuf représentans, sans compter les adhésions postérieures, ont signé le manifeste du 9 août 1850, dont nous extrairons les lignes suivantes :

« De ce concours de forces, de cette fusion des idées républicaines et socialistes, il résulta bientôt un accord complet sur les moyens à employer pour traduire en fait les vouloirs du peuple, pour poser les bases de la société nouvelle

« La chaire de l'enseignement relevée, rehaussée jusqu'à la dignité de la magistrature la plus honorée ;

« L'instruction mise à la portée de tous, faite gratuite aux abords de toutes les carrières qu'embrasse l'activité humaine et préparant ainsi le libre développement des facultés de chacun ;

« L'impôt établi, réparti sur les bases absolues de l'éternelle justice, simplifié, uniformisé, exigeant beaucoup de qui possède beaucoup, peu de qui a peu, et ne demandant rien à qui n'a rien ;

« L'accès du crédit ouvert à tous les citoyens, et, par le crédit, le droit au travail ;

« L'association, cette expression suprême de la puissance du labeur intellectuel et physique, excitée, encouragée, aidée dans ses efforts ;

« L'assistance publique moralisée, ennoblie, substituée à l'aumône qui dégrade l'homme et asservit le citoyen ;

« Chaque peuple disposant librement de lui-même, chaque race maîtresse souveraine de son territoire. »

Le budget indiqué dans ce compte-rendu de la montagne tend évidemment, comme celui de M. Pelletier, à la destruction des recettes et à l'exagération des dépenses publiques. Il y a là de quoi réduire le revenu du trésor à zéro, et de quoi élever ses déboursés annuels à trois ou quatre milliards. Ce manifeste consacre, dans l'intérêt de chaque citoyen, le droit au crédit, le droit au travail et le droit à l'assistance ; est-ce trop d'un milliard pour défrayer les largesses qu'entraînerait chacun de ces droits ? Encore n'avons-nous pas compris dans le budget montagnard les frais de cette propagande extérieure qui n'est qu'une autre forme de la conquête. Les vues financières du socialisme, à moitié dissimulées ici sous l'enveloppe emphatique du langage officiel, se précisent davantage dans les publications d'un exilé qui n'a pas de situation à ménager. Voici ce qu'on lit dans le Nouveau-Monde du 15 juin :

« Si le socialisme arrivait au pouvoir, voici ce que le socialisme ferait :

« Il attacherait une indemnité à l'exercice des fonctions de juré.

« Il introduirait dans l'administration de la justice cette gratuité sans laquelle l'égalité devant la loi est un mensonge.

« Il rendrait l'éducation commune, gratuite, obligatoire ; par l'enseignement, il hâterait l'heure désirée où chacun, dans l'atelier social, sera employé non plus d'après le hasard de sa naissance, mais suivant les indications de la nature.

« Il changerait complètement les bases de la répartition de l'impôt, et au système actuel il substituerait, par l'établissement d'un impôt unique, le régime de la proportionnalité des charges.

« Son but, sa volonté, sa passion étant d'extirper la misère, de détruire le prolétariat, d'affranchir le travail, d'élever l'homme du peuple de la condition de salarié à celle d'associé, il aurait besoin pour cela d'un budget spécial, et il le formerait par la concentration aux mains de l'état des bénéfices énormes que dispersent aujourd'hui aux mains de quelques privilégiés la Banque, les chemins de fer, les mines, les assurances.

« Il créerait des bazars et entrepôts sociaux où seraient admis des produits en échange desquels seraient délivrés des récépissés transmissibles par endossement, pouvant faire office de papier-monnaie, et destinés à augmenter la masse des valeurs circulantes.

« En substituant à la commandite du crédit individuel la commandite du crédit de l'état, il fraierait les voies au régime de l'association universelle, lequel revient à la gratuité du crédit pour tous.

« Afin de sauver des effets du morcellement l'agriculture agonisante, afin de sauver de la concurrence l'industrie, que la concurrence transforme en combat meurtrier, il créerait, eu égard aux ressources dont le budget du travail lui permettrait l'emploi, des associations agricoles et des associations industrielles, fondées sur le principe de la fraternité, faites à l'image de la famille, solidaires les unes des autres, et destinées, en s'étendant par l'exemple et par l'attrait, à devenir le système général du pays… si bien que, sans précipitation, sans violence, sans spoliation, sans secousse, et rien qu'en descendant la pente sur laquelle elle aurait été placée, la société se trouverait, au bout de quelque temps, dans un monde nouveau. « En ce qui concerne la politique extérieure, le socialisme prendrait pour devise la conquête jamais, la propagande toujours. Pacifique par principes, il saurait être guerrier tant qu'il resterait en Europe des aristocraties ou des rois, et, convaincu que notre nation est la nation émancipatrice par excellence, que son rôle historique est de représenter le mouvement et de le conduire, que son sang appartient à toute la terre, il tiendrait à la dispostion de chaque peuple opprimé l'épée de la France et le courage de ses enfans. » M. Louis Blanc conclut en affirmant qu'il n' a rien, dans ce vaste plan, « qui n'ait un caractère parfaitement pratique et qui ne soit immédiatement réalisable. » Ce n'est, selon lui, qu'un premier pas, un pas prudent et sûr dans les voies qui mènent à la vérité absolue. Il aurait craint de doubler la dose et de transporter dans les régions pures de l'idéal une société aussi corrompue que la nôtre et aussi profondément ignorante. C'est probablement à son ignorance et à sa corruption que la société doit de n'être pas soumise par M. Louis Blanc à une expérience encore plus large et plus décisive Sans cela, le budget des dépenses, tel que M. Pelletier l'a proposé, ce premier pas dans le nouveau monde, s'arrondirait assurément de quelques autres milliards. Cependant les sociétés secrètes, qui renferment les mystères du parti, ne sont pas tenues de composer avec l'ordre social, et peuvent étendre leur programme. C'est ce qu'a fait la Société de résistance, comme on le verra par les articles financiers de son manifeste, récemment découvert.

« 13. – Instruction commune, gratuite, obligatoire et professionnelle, avec entretien des enfans aux frais de l'état.

« 14. – Organisation du travail industriel et agricole par l'association solidaire, larges commandites données par l'état aux travailleurs associés.

« 15. – Reconnaissance du droit de vivre ; création d'établissemens nationaux par l'enfance, la vieillesse et les invalides du travail.

« 16. – Rétribution des magistrats municipaux et des officiers judiciaires ; gratuité absolue de tous les services résultant de l'exercice de leurs fonctions.

« 17. – Réduction des gros traitemens et augmentation de ceux qui sont insuffisans.

« 18. – Réduction des grosses pensions et suppression de celles indûment accordées.

« 19. – Abolition de la prestation en nature.

« 20. — Abolition de l'exercice et des impôts sur les boissons, le sel, la viande, etc.

« 21. – Abolition des livrets, des patentes et des cautionnemens.

« 22. – Impôt sur le revenu, les actions industrielles, les rentes hypothécaires, et généralement toutes les valeurs qui en ont été jusqu'à ce jour abusivement exemptées.

« 23. – Destruction de l'usure par l'organisation du crédit national ; toutes les banques réunies en une seule dans les mains de l'état et prêtant aux propriétaires, aux agriculteurs, aux commerçans, aux industriels et aux associations ouvrières, avec un intérêt modique, destiné à affranchir les contribuables d'une partie de l'impôt.

« 24. – Exploitation par l'état de toutes les entreprises d'utilité publique, telles que chemins de fer, canaux, usines à gaz, assurances, etc.

« 25. – Révision des baux, des fermages et de tous contrats qui porteraient manifestement un caractère de spoliation.

« 26. – Restitution intégrale et solidaire du milliard des émigrés avec les intérêts.

« 28. – Concours fraternel donné par la France aux peuples de l'Europe pour recouvrer leurs droits. »

La Société de résistance va plus loin que M. Louis Blanc, qui ne s'arrêtait pas lui-même, comme le compte-rendu de la montagne, aux limites posées par M. Pelletier. À la ruine de l'impôt, elle joint la destruction des fortunes particulières, qu'elle va ébranler jusque dans leurs bases par la révision des contrats. C'est peu de poser en principe le droit au travail et le droit à l'assistance ; elle veut ouvrir partout des ateliers, bâtir des hôtels des invalides, et suppléer la famille en se chargeant de nourrir les vieillards ainsi que les enfans. En proposant de rétribuer les magistrats municipaux, elle double la dépense des fonctionnaires ; Il n'y a qu'un point sur lequel la Société de résistance montre plus de prévoyance que n'en font paraître communément ses émules en socialisme ; en chargeant l'état de tout faire pour les individus, elle a songé à lui en donner les moyens, et de là ce décret de restitution ou plutôt de confiscation qui est lancé solidairement, capital et intérêts, contre tous ceux qui ont pris part au milliard des émigrés. La méthode n'a rien de neuf, et la république sociale ne serait pas le premier gouvernement qui aurait fondé sur la spoliation des richesses privées la grandeur momentanée de la richesse publique.

N'insistons pas cependant sur les conséquences de ces monstrueuses conceptions. Les textes que nous avons cités interviennent ici uniquement pour montrer que, dans le camp des socialistes, M. Pelletier n'est pas un rêveur solitaire, et qu'il s'est inspiré au contraire de la pensée du parti en donnant un corps aux combinaisons dont il voyait errer autour de lui les ombres informes. M. Pelletier nous promet le même avenir que font miroiter à nos yeux les quatre-vingt-neuf représentant de la montagne, M. Louis Blanc et la Société de résistance. Seulement, et voilà son mérite selon nous, il condescend à nous dire, par francs et centimes, ce que le triomphe de ses amis et de ses idées doit nous coûter. Y a-t-il exagération ou plutôt atténuation dans les chiffres qui ont été produits ? C'est un examen qui peut se mêler à la discussion des doctrines.

M. Pelletier débute par constituer dans les mains de l'état tous les monopoles qu'avait ambitionnés le gouvernement provisoire ; il s'empare des assurances, des chemins de fer, des mines de houille, de cuivre, de fer et d'argent, des salines ainsi que des banques. Le but apparent de cette opération est de garantir à chacun sa place au soleil, de créditer l'homme besoigneux, de mettre tous les citoyens à l'abri de la misère. Pour rendre ainsi le gouvernement arbitre de la production et maître du capital social, M. Pelletier adjuge aux possesseurs actuels la faible indemnité de 90 millions de rentes : une inscription de 90 millions de rentes au grand-livre de la dette publique, voilà tous les sacrifices qu'il prétend imposer à la société, pour la faire passer du monde ancien dans le monde nouveau !

L'état, devenu banquier, assureur, exploitant de houillères, de salines et de chemins de fer, détenteur en un mot de la richesse et des instrumens du travail, ne commettra pas la faute de nous donner un de ces petits budgets que nous avaient annoncé, dans l'inexpérience de leurs débuts, les premiers révélateurs de la république rouge. M. Pelletier nous demande 1,799 millions pour les dépenses, et il place en regard 1,899 millions de recettes. Qui voudrait chicaner sur cet accroissement des charges publiques le financier socialiste, qui, non content de nous présenter un budget en équilibre, nous promet un boni de 100 millions de francs ?

Voyons donc de plus près les élémens de ce système.

Budget des dépenses de la république sociale

Dette publique   446,287,193 fr.

Instruction publique   100,000,000

Justice 20,000,000

Agriculture et industrie   70,000,000

Travaux d'utilité publique   120,000,000

Cultes 40,000,000

Affaires internales et communales   7,000,000

Guerre et Algérie   185,000,000

Marine et colonies   106,000,000

Exploitation des entreprises financières   537,000,000

Gestion des propriétés de la France, perception des droits protecteurs et conservateurs 60,000,000

Services de trésorerie 5,000,000

Administration générale de la France 62,000,000

Total   1,799,000,000 fr.

Budget des recettes

Produit des assurances contre les sinistres et les chômages involontaires   800,000,000 fr.

Revenu brut des chemins de fer 159,000,009

Revenu brut des mines de houille   40,000,000

Revenu brut des mines de fer et de cuivre 140,000,000

Revenu brut des salines   78,000,000

Revenu brut des banques   215,000,000

Revenu brut des postes   46,000,000

Revenu brut des tabacs   120,000,000

Revenu brut des poudres et salpêtres 6,500,000

Revenu brut des monnaies et médailles   1,250,000

Revenu brut des forêts et pêches   39,000,000
Revenu brut des droits protecteurs aux frontières   180,000,000
Revenu brut de l'Algérie, des colonies, de la route de l'Inde et des dettes de l'Espagne, de la Belgique, de la Grèce, de la propriété   40,000,000
Revenu brut des droits conservateurs 35,000,000
Total   1,899,750,000 fr.

LES DÉPENSES

En prenant les choses pour ce que le socialisme les donne, il est facile de prouver que les dépenses devront être bien supérieures à la somme que M. Pelletier accuse, et que l'on n'obtiendra dans aucun cas le revenu hyperbolique auquel il a élevé ses prétentions.

M. Pelletier évalue la charge annuelle de la dette publique dans son système à 446 millions, en y comprenant 90 millions de rentes qui représenteront l'indemnité à servir aux propriétaires d'actions de banques, de chemins de fer et de houillères qu'il dépossède. La dette actuelle, celle que le socialisme reconnaît, est fixée ainsi à 356 millions. Je note, en passant, que ce chiffre ne correspond à aucune évaluation exacte ni même approximative de la réalité. Les crédits accordés pour 1850 s'élèvent en bloc à 396 millions ; si l'on en déduit l'amortissement ainsi que les rentes rachetées, il ne reste plus que 324 millions. Les financiers de la montagne, qui prennent de telles libertés avec le grand-livre, devraient bien nous dire ce qu'ils entendent y ajouter et ce qu'ils se proposent d'en retrancher, s'ils veulent appeler et non pas dérouter les jugemens de la critique.

Maintenant l'état indemnisera-t-il équitablement les détenteurs des propriétés industrielles qu'il convertit en monopoles, en leur attribuant une rente annuelle de 90 millions ? M. Pelletier se donne beaucoup de peine et entre dans des calculs très minutieux pour le démontrer. Cependant les chiffres qu'il aligne dans son budget semblent, au premier aperçu, déposer du contraire. En effet, les assurances, les chemins de fer, les houillères, les salines et autres industries, qu'il achète pour 90 millions de rentes, sont portés aux recettes pour un produit brut de 1,232 millions. Retranchez 400 et quelques millions pour les frais d'exploitation, suivant les calculs de M. Pelletier lui-même, et vous trouverez encore un revenu net de 800 millions, revenu qui représente près de 900 pour 100 du prix d'acquisition. Nous ne dirons pas à M. Pelletier que « dans ses heureuses mains le cuivre devient or

; » mais nous lui demanderons au nom de quel principe de politique ou de morale il revendique pour l'état le droit d'acheter l'or au prix du cuivre ?

Pour rendre plus sensible l'erreur des calculs dans lesquels s'est jeté M. Pelletier, erreur commune à tous les projets de rachat, il n'y a qu'à regarder sur quelles bases il établit l'indemnité que l'état devrait servir aux compagnies de chemins de fer. Le réseau français doit avoir, comme chacun sait, une étendue d'environ 5,000 kilomètres. M. Pelletier suppose que 3,979 kilomètres [1] sont exploités ou à la veille de l'être, que ces chemins ont coûté ou coûteront 1,760 millions aux compagnies et 457 millions à l'état. Sans discuter ces bases, qui s'écartent quelque peu des faits, on comprend difficilement que le financier socialiste pense résoudre le problème, sans blesser les règles austères de l'équité, en offrant aux compagnies, pour prix d'une propriété qui leur aura coûté 1,760 millions, une rente représentative d'un capital de 1,193 millions. Passe encore si le marché était librement consenti des deux parts, et si les compagnies, en subissant une perte de 32 pour 100 sur leur capital, faisaient un sacrifice volontaire ; mais un gouvernement qui exproprie des individus ou des associations pour cause d'utilité publique, et qui exerce ainsi sur les propriétés privées une sorte de droit de conquête, est tenu d'en rembourser la valeur réelle et plus que la valeur. Quand l'état, le département ou la commune s'empare d'un champ ou d'une maison, est-ce que le jury qui détermine l'indemnité se borne à constater le produit du champ ou de la maison pour le capitaliser ensuite ? Non certes : il prend en considération toutes les circonstances, le prix d'achat, l'accroissement du revenu et jusqu'à la valeur de convenance. Voilà les bases équitables et sincères de son jugement. Pourquoi renoncer à l'application de ces principes ? Est-ce que la règle d'équité qui préside à l'évaluation des propriétés individuelles ne peut pas servir à évaluer les propriétés des compagnies ? Les associations n'ont-elles pas les mêmes droits et au moins les mêmes titres que les individus devant la puissance publique ?

Au reste, les lois ont déterminé, pour le cas où l'état jugerait utile d'ajouter les chemins de fer à son domaine, l'époque, la forme et les conditions du rachat. Le gouvernement ne peut déposséder une compagnie qu'après quinze ans d'exploitation, et en lui servant une rente égale à la moyenne du revenu pendant les cinq dernières années de l'exploitation, mais sans que cette rente puisse demeurer inférieure au produit de la dernière année. Si jamais la république sociale fait main basse sur les chemins de fer, pour peu qu'elle se pique d'être un gouvernement régulier et honnête, elle devra respecter les principes qui forment contrat entre les parties, et qui sont écrits dans tous les cahiers des charges.

M. Pelletier admet que le revenu brut des chemins de fer est en moyenne de 40,000 francs par kilomètre, et que le revenu net est de 15,000 fr. seulement. J'ignore qui lui a fourni des données aussi complètement inexactes ; mais, à coup sûr, l'exploitation des chemins de fer dans tous les pays de l'Europe présente des résultats bien différens. Un produit brut de 40,000 fr. par kilomètre, loin d'être la moyenne des résultats, en est généralement le point culminant. Il n'y a que le North Western en Angleterre et le chemin d'Orléans, la plus importante des têtes de ligne en France, qui aient donné un revenu brut de 81 à 82,000 fr. par kilomètre. Le chemin de Rouen, au maximum de ses recettes en 1847, a atteint le chiffre de 72,400 fr. par kilomètre, et le chemin du Nord celui de 45,600 fr. à la même époque, avant que l'on eût construit et exploité les embranchemens. En 1849, les 5,996 milles de chemins de fer en exploitation dans le Royaume-Uni ont donné un produit brut de 11,806,000 liv. st. (301,053,000 fr.), ce qui représente une moyenne de 31,000 fr. par kilomètre. La moyenne des chemins belges était de 18,400 fr. par kilomètre en 1841 ; elle s'est élevée en 1847 à 26,600 fr., et paraît devoir être de 29 à 30,000 fr. en 1850. Le chemin du Nord, dont le produit brut était tombé en 1848 à 33,250 fr. par kilomètre, et à 34,300 fr. en 1849, donnera probablement, en-1850, 40 à 41,000 fr. [2]. Le produit moyen d'Orléans à Bordeaux, sur la tête de cette ligne, n'a pas excédé 35,600 fr. ; celui du Havre a été de 37,500 fr. ; celui de Paris à Strasbourg, entre Paris et Châlons-sur-Marne, atteint à peine 30,000 fr. ; celui d'Avignon à Marseille flotte entre 20 et 25,000 fr. ; celui de Chartres est de 22 à 23,000 fr. ; celui de Strasbourg à Bâle, d'environ 18 à 20,000 fr., et celui de Montereau à Troyes, de 11 à 12,000 fr. ; enfin la ligne de Paris à Lyon, que l'on croyait productive entre toutes, n'aura donné cette année que 27 à 28,000 fr. par kilomètre sur les 266 kilomètres exploités, qui comprennent la tête de cette ligne vers Paris. En résumé, dans l'hypothèse probable où les 3,000 kilomètres de chemins de fer exploités aujourd'hui en France donneraient un produit brut de 85 millions pour l'année 1850, la moyenne du produit par kilomètre serait de 28,333 fr.

Quant au rapport du revenu net au produit brut, il n'y a pas de moyenne possible. Ce rapport varie d'année en année sur le même chemin de fer, et les résultats diffèrent d'un chemin de fer à l'autre. non-seulement comme la circulation, mais encore comme l'économie de la gestion, comme les tarifs, comme les conditions de pentes et comme les circonstances du marché.

En 1843, les frais d'exploitation sur les vingt-quatre meilleures lignes de l'Angleterre présentaient une moyenne de 41 pour 100 de la recette brute ; sur vingt-quatre autres ligues, ils étaient évalués à 50 pour 100.

Sur les chemins de fer belges, la dépense absorbait, en 1841, 68 pour 100 de la recette ; en 1842, 62 pour 100 ; en 1843.60 pour 100 ; en 1844, 51 et demi pour 100 ; en 1845, 50 8 dixièmes pour 100 ; en 1846, 53 pour 100, et en 1847, 62 2 dixièmes pour 100.

Sur le chemin du Nord, le rapport des frais d'exploitation au produit brut était, en 1847, de 46 3 dixièmes pour 100 ; en 1848, de 54 6 dixièmes pour 100 ; en 1839, de 39 5 dixièmes pour 100 ; on suppose qu'il sera de 38 à 40 pour 100 en 1850.

Sur le chemin d'Orléans, la dépense a été à la recette brute, en 1844, comme 40 3 dixièmes est à 100 ; en 1845, comme 38 5 dixièmes ; en 1846, comme 38 ; en 1847, comme 41, et en 1848, comme 48 5 dixièmes.

Sur le chemin du centre, les frais d'exploitation absorbaient, en 1847, 58 pour 100 de la recette brute, et en 1848, 65 6 dixièmes pour 100. Sur le chemin d'Orléans à Tours, le rapport était de 62 6 dixièmes en 1847, et de 67 5 dixièmes en 1848.

Sur le chemin de Rouen, la proportion se maintient entre 42 et 43 pour 100 ; c'est une ligne à faibles pentes. Sur le chemin de Rouen au Havre, le rapport était, en 1848, de 63 pour 100, et en 1849, de 52 6 dixièmes pour 100 ; de 67 pour 100, en 1847, sur le chemin de Strasbourg à Bâle, et de 82 pour 100, en 1849, sur le chemin d'Amiens à Boulogne.

Nous ne présumons rien de trop en supposant que les 3,000 kilomètres de chemins de fer, qui paraissent devoir produire, en 1850, un revenu brut de 80 à 85 millions, verront leur produit s'élever à 100 millions en 1851, alors que la plupart des compagnies auront franchi les débuts toujours lents et difficiles de la circulation ; et quand on supposerait que les frais d'exploitation doivent absorber 55 pour 100, ce qui, le calcul des moyennes admis, est une hypothèse très large, il resterait 45 millions pour l'intérêt du capital, qui, les dépenses du chemin de Lyon comprises, ne s'élève pas à 900 millions pour la part des compagnies. Ce serait donc un revenu net de 5 pour 100 et non pas de 3 et demi pour 100, comme le suppose M. Pelletier, dont il faudrait tenir compte en évaluant l'indemnité. La rente à servir, dans son système, serait donc, pour 4,000 kilomètres de chemins de fer, de 60 millions, que l'on porterait au budget des dépenses, et l'on n'aurait que 133 millions au lieu de 159 à porter, pour le revenu brut, au budget des recettes.

En parcourant un à un tous les élémens de l'indemnité de 90 millions de rente que M. Pelletier tient en réserve pour désintéresser les industries dépossédées, on rencontrerait des omissions et des mécomptes encore plus manifestes. Après l'exemple des chemins de fer, je ne citerai que celui des banques. En leur enlevant le privilège des émissions pour le conférer à l'état, M. Pelletier ne leur adjuge aucune compensation. Il croit apparemment avoir assez fait en leur rendant la libre disposition de leur capital. Le capital des banques qui sont absorbées dans l'unité de la Banque de France s'élève à 108 millions. La valeur des actions qui sont cotées encore ; malgré la dépréciation qu'elles ont subie depuis deux ans et demi, au taux de 2,300 francs, suppose un capital supplémentaire d'environ 102 millions. Il faudrait donc servir aux actionnaires de la Banque de France une rente d'au moins 5 millions, en les obligeant à liquider cette grande et utile entreprise.

M. Pelletier demande 100 millions pour les dépenses de l'instruction publique. Le budget de l'instruction publique s'élève aujourd'hui à 22 millions. En 1849, on demanda 49 millions à l'assemblée constituante pour rendre l'instruction gratuite ; mais les socialistes, qui prétendent établir la gratuité à tous les degrés, et donner à qui la réclamera une instruction complète, ont besoin, comme le dit M. Pelletier, de 100 millions au moins. Le système étant donné, cette magnifique allocation se trouvera infailliblement et avant peu trop modeste. Quand l'instruction est un droit pour le peuple et un devoir pour l'état ; quand le père de famille peut se décharger sur les représentans officiels de la société des dépenses qu'entraîne l'enseignement, il ne tarde pas à demander qu'on le dégrève de celles de l'éducation ; il n'y a qu'un pas de l'instruction gratuite à l'éducation gratuite, et de l'éducation gratuite à l'éducation commune. L'état, en se substituant à la famille, ne prend pas de ces devoirs ce qu'il lui plaît de prendre. La limite est donnée par le système. Qui se charge d'instruire les enfans du peuple contracte en même temps l'obligation de pourvoir à leur nourriture et à leur entretien. Les lois de Lycurgue sont au bout des combinaisons sur lesquelles est bâti le budget socialiste. Le budget de l'instruction publique qui doit, suivant l'avis de M. Pelletier lui-même s'accroître chaque année, exigera certainement, une année ou l'autre, plusieurs centaines de millions.

L'administration de la justice coûte 26 millions à la France. Le budget de M. Pelletier ramène cette dépense à vingt millions. Pour obtenir cette économie, il renverse, sans égard pour les services qu'il a rendus, notre système judiciaire. Plus de cours d'appel, plus de tribunaux de première instance. Le socialisme supprimerait un degré de juridiction en créant un tribunal par département et en érigeant en tribunal la justice de paix, sans parler des tribunaux communaux eu de famille, dont les fonctions, quoi qu'en dise M. Pelletier, ne resteraient pas long-temps gratuites. Or, trente-huit mille tribunaux de commune, à mille francs chacun, ce qui est un minimum très modique, donneraient cent quatorze mille fonctionnaires de plus, et coûteraient 38 millions à l'état. Voilà l'économie de personnel et d'argent que l'on nous propose !

M. Pelletier maintient provisoirement le budget des cultes, mais les socialistes aspirent à le supprimer en séparant complètement le clergé de l'état. Qu'y gagnera le pays au point de vue de ses finances ? Que le clergé catholique reçoive un traitement payé par le trésor public. ou qu'il doive le pain quotidien à des souscriptions, à des collectes faites parmi les fidèles, la charge restera la même ; sous une forme comme sous une autre, ce sera la masse des contribuables qui paiera la véritable question est celle de savoir si la France achète trop cher, au prix de 40 millions, l'entretien des cultes reconnus et l'enseignement de la morale. M. Pelletier s'élève contre le traitement des archevêques et contre celui des évêques, qu'il voudrait abaisser au niveau de celui des curés. Cela revient à dire qu'il ne faut pas de hiérarchie pour le clergé, et que les choses vont mieux, dans la religion comme dans l'état, lorsque personne n'obéit, et que tout le monde commande. Le pouvoir, même dans l'ordre spirituel, a besoin de signes extérieurs auxquels on le reconnaisse. Qu'on ne s'y méprenne donc pas, détruire les inégalités de traitement, ce serait abolir la hiérarchie religieuse, et détruire la hiérarchie, ce serait proclamer le règne du désordre moral. Au fond, voilà le but réel des socialistes ; ils ne veulent pas plus de religion qu'ils n'admettent de pouvoir. Élevés dans les doctrines d'un panthéisme grossier, ils ne reconnaissent plus guère ni ame dans l'homme, ni Dieu dans le monde, à force de se consacrer au culte abrutissant de la matière. Les financiers du socialisme ont beau s'en défendre aujourd'hui : ils supprimeront le budget des cultes, et bientôt les cultes eux-mêmes ; mais les finances de l'état n'y gagneront rien. Pour chaque prêtre que l'on aura congédié, il faudra porter au chapitre de la force publique un gendarme de plus, et l'allocation à faire aux prisons s'accroîtra de tout ce que l'on aura retranché à l'entretien des églises.

M. Pelletier attribue 70 millions au budget de l'agriculture et de l'industrie. Ce ne sera pas trop assurément sous le régime que ses anis et lui nous promettent. Quand on aura éteint l'énergie et dissipé les ressources individuelles, il faudra bien que l'état se charge de donner l'impulsion au travail, de l'éperonner et de le diriger. J'en dirai autant des 120 millions que M. Pelletier prétend consacrer annuellement aux travaux d'utilité publique. Dès qu'il n'existera plus de compagnies pour entreprendre une partie de ces travaux, la part de l'état s'accroîtra naturellement de celle des associations. Il devra prendre la place qu'il aura rendue vacante, sans quoi, nous aurions le droit de lui dire : « Pourquoi nous priver de l'assistance des compagnies, si vous ne nous apportez pas quelque chose de mieux, ou tout au moins l'équivalent de ce qu'elles peuvent faire ? »

Dans les années qui ont précédé 1848, le budget extraordinaire des travaux publics s'élevait en moyenne à 150 millions ; et le budget ordinaire à 60 millions, à quoi venaient s'ajouter 90 ou 100 millions dépensés par les compagnies. Au total, l'exécution ou l'entretien de ces grands ouvrages répandait annuellement dans le pays une somme de 300 millions [3], qui s'écoulait en paiement des matériaux et de la main-d'œuvre. En 1848, la dépense des travaux publics, malgré les embarras de nos finances, a excédé 200 millions. Aujourd'hui elle est encore de 150 millions pour l'état et pour les compagnies ; ce qui n'empêche pas que les grandes industries souffrent et se plaignent. Comment veut-on donner satisfaction à tous ces intérêts en diminuant de plus belle le travail et la dépense ? M. Pelletier fera bien d'augmenter ce chapitre de 75 à 80 millions, à moins qu'il ne se résigne à voir surgir encore une fois la fatale excroissance des ateliers nationaux.

J'arrive à une allocation qui touche de bien près au ridicule ; il s'agit de 7 millions consacrés aux affaires internales et communales. Voilà l'article par lequel M. Pelletier remplace le budget de l'intérieur. Le réformateur socialiste nous permettra de lui dire qu'il fait trop ou trop peu : trop, s'il veut conserver une action quelconque au pourvoir central ; trop peu, s'il prétend relâcher tous les liens administratifs et détruire tous les moyens de gouvernement.

Sur les 122 millions que comprend le budget de l'intérieur, 94 millions, produit de ressources spéciales, sont consacrés au service départemental. Sur les 28 millions qui sont ordonnancés directement par le ministre, l'administration départementale absorbe encore près de 8 millions ; une somme égale représente les dépenses des condamnés dans les maisons centrales ; environ 4 millions s'écoulent en secours aux étrangers réfugiés et aux établissemens de bienfaisance ; le service des beaux-arts réclame et obtient plus de 4 millions. L'administration centrale, jointe aux archives, ne coûte guère plus de 1 million ; 2 millions environ défraient les dépenses de sûreté générale, les services télégraphiques et les dépenses de la garde nationale. Voilà l'anatomie de ce budget déjà trop réduit dans ce qui touche aux dépenses générales, et qui serait beaucoup moins contesté, s'il était un peu plus connu.

À quels articles de dépenses en veulent cependant les réductions brutales et sommaires de M. Pelletier ? Va-t-on supprimer les préfets et les sous-préfets ? Quoi ! nous ne reverrons pas même les commissaires et les sous-commissaires de février, ces fonctionnaires à 40 francs par jour, ces sublimes incarnations du gouvernement provisoire ! il n'y aura pas le plus petit représentant du gouvernement dans les provinces ! personne ne sera chargé de veiller au maintien de l'ordre et de surveiller l'exécution des lois ! On peut assurément porter la réforme dans le régime de nos prisons ; mais qui songerait à lâcher les malfaiteurs sur la société ? Le budget des prisons, 8 millions, plus ou moins, est donc un article de dépense obligatoire. La hache socialiste tombera-t-elle sur les beaux-arts ? Dans un pays qui n'a pas d'aristocratie, et où les richesses ne s'accumulent pas dans un petit nombre de mains, l'état a seul qualité pour développer les arts et pour encourager les artistes. En plantant un arbre de la liberté près de l'Académie nationale de Musique, au soleil infécond de février, M. Ledru-Rollin avait annoncé, dans la ferveur du premier enthousiasme, que la république ferait pour les beaux-arts plus que n'avait jamais fait la monarchie. On nous promettait alors je ne sais quel autre siècle de Périclès ou des Médicis, dont il ne nous a malheureusement pas été donné jusqu'à présent de saluer l'aurore. Que veut cependant M. Pelletier ? C'est aux socialistes de nous dire s'ils excluent de leur république les bibliothèques, les spectacles et les musées. Qu'ils choisissent une bonne fois entre la république de Périclès et celle de Baboeuf.

Le budget socialiste ne maltraite pas trop, j'en conviens, les colonies et la marine, qui reçoivent une allocation de 106 millions ; mais la guerre, en revanche, réduite à 185 millions, s'y trouve sabrée d'importance. On voit bien que M. Pelletier et ses amis se soucient fort peu de maintenir l'ordre à l'intérieur. 185 millions pour la guerre et pour l'Algérie, il n'y a pas de quoi tenir sur pied plus de deux cent mille hommes. Notez bien que les socialistes ont la prétention de propager leurs principes, les armes à la main, dans toutes les contrées monarchiques de l'Europe. Or, la Prusse a une armée qui excède deux cent cinquante mille hommes ; l'Autriche garde encore plus de quatre cent mille hommes sous les drapeaux, et la Russie en compte près du double, sans parler de l'Angleterre ni de l'Espagne. Est-ce bien avec les 185 millions de M. Pelletier que la république sociale luttera, en gardant l'Algérie et la France, contre un million et demi de soldats ? Les préparatifs d'une guerre défensive nous coûtèrent plus de 500 millions en 1840 ; que serait-ce d'une guerre offensive et de propagande ! Je ne fais pas tort aux socialistes en admettant que le budget de la guerre s'élèverait sous leurs auspices aux proportions qu'il atteignit un moment sous l'empire, et que nous en aurions pour 6 ou 800 millions par année. Le chiffre de M. Pelletier n'est donc qu'une amorce, et, pour s'y laisser prendre, il faudrait n'avoir ni la mémoire de ce qui s'est passé depuis 1793, ni la connaissance des projets que la montagne nouvelle affiche dans ses programmes et dans ses comptes-rendus.

M. Pelletier évalue à 537 millions les frais d'exploitation des monopoles et des industries financières. Quelle que soit l'élévation de ce chiffre, il n'a rien qui doive surprendre, quand on songe que le financier socialiste en attend un produit annuel de 1,600 millions. On s'étonnerait plutôt, et à bon droit, de la faible proportion de la dépense à la recette. N'oublions pas que M. Pelletier a posé en principe que les grandes industries produisaient plus et dépensaient moins dans les mains de l'état que dans celles des particuliers et des compagnies. Ce n'est pas là peut-être une vérité d'expérience ; mais le socialisme, qui nous introduit aux merveilles d'un nouveau monde, en renversant les principes, n'aura-t-il pas aussi le pouvoir de changer les faits ?

Reste un chapitre curieux, qui est à lui seul tout le système. M. Pelletier porte en ligne de compte, pour ce qu'il appelle l'administration générale de la France, une dépense de 62 millions. Dans le budget, tel que l'ont fait un gouvernement et une assemblée dévoués à la cause de l'ordre, l'administration centrale ne coûte que 15 millions. De ce chef tout au moins, M. Pelletier ne réalise pas une économie. Quelles peuvent être les raisons qui légitiment ici une dépense à peu près quadruple ? Les socialistes trouvent que nous avons trop de neuf ministères et de neuf ministres. Leur système n'admet qu'un ministre et qu'un seul ministère, auquel viendront se rattacher autant de sections qu'il y a aujourd'hui de départemens ministériels. Une machine aussi compliquée et aussi lourde que ce ministère unique ne saurait trop prodiguer les millions ; ne faut-il pas en graisser les rouages ? Ce qu'il y a de plaisant, c'est que les socialistes, qui prétendent ainsi abaisser le pouvoir exécutif et le mettre hors d'état de lutter avec le pouvoir législatif, ne s'aperçoivent pas qu'en donnant à un seul homme la charge du gouvernement, ils font du ministère, dans l'ordre administratif, une sinécure, et du ministre, dans l'ordre politique, un véritable dictateur.

Cette chimère du ministre unique, que les socialistes n'ont pas inventée, mais qu'ils adoptent, procède de la même pensée que le gouvernement personnel dans les monarchies. C'est le même rêve descendant ici d'en haut, et montant là d'en bas. On oublie que la complication des affaires introduit forcément, dans l'état comme dans l'industrie et comme dans le commerce, le principe de la division du travail. On imagine qu'un seul homme peut porter le poids du gouvernement, et, pour alléger le fardeau, tantôt on veut réduire le gouvernement à la politique, ce qui est le propre des monarchies quand elles dévient du régime parlementaire, tantôt l'on prétend supprimer la politique et faire du pouvoir une machine purement administrative pour caresser les instincts d'une ombrageuse démocratie. De quelque part qu'elle vienne et au profit de quelque ambition qu'elle ait été conçue, cette théorie est inapplicable. On ne sépare pas à volonté l'administration de la politique. Quelque système que l'on adopte, que l'on calque sa méthode sur le despotisme bureaucratique de la Prusse ou sur la liberté de l'Angleterre, on ne fera pas de l'administration un automate qui n'ait besoin ni d'une direction ni d'un moteur. La politique agit sur l'administration, et l'administration réagit sur la politique. Voilà ce qui entretient dans le corps social la circulation et la vie. Le gouvernement, pour être à la fois rationnel et pratique, doit résider dans un conseil des ministres, où chacun, en participant à la direction générale des affaires, apporte l'expérience de la spécialité à laquelle il préside. Au-dessus plane le pouvoir qui représente, comme roi constitutionnel ou comme chef de la république, deux principes que l'on doit toujours mettre à l'abri des mouvemens d'opinion, à savoir, l'unité et la durée.

Au demeurant, le ministre unique de la république sociale, avec des intentions de despotisme, ne sera qu'un roi fainéant qui végétera sous la tutelle d'une infinité de maires du palais. Pour éviter la division du travail au sommet de la hiérarchie, on l'aura portée à l'extrême dans les rangs secondaires. Tout chef de bureau se considérera comme ministre, et, pour peu qu'il tienne son autorité de l'élection, l'on verra fleurir et se développer l'anarchie à tous les étages du pouvoir. Ce régime doit amener bien vite l'abaissement des fonctions et la multiplicité des fonctionnaires. Je m'explique à merveille que M. Pelletier l'ait coté à si haut prix, quand il s'agit pour lui de procurer à tout catéchumène socialiste sa part du budget et du gouvernement.

La monarchie de 1830 nous avait légué, pour l'année 1848, un budget de 1,500 millions. L'avènement de la république nous a valu 200 millions d'augmentation dans les dépenses. La république démocratique et sociale porte son budget, du premier mot, à 1,800 millions, et, si l'on veut bien tenir compte des lacunes que nous avons signalées dans ses calculs, on reconnaîtra que 2 milliards ne l'en tireraient pas. Cette progression est naturelle. La monarchie constitutionnelle pourrait passer pour un prodige de simplicité à côté du gouvernement que rêvent les amis de M. Pelletier. C'est peu pour eux de rendre la justice, de maintenir l'ordre, de présider à la gestion des intérêts communaux et départementaux, d'entretenir les voies de communication qui sont dans le domaine public, de lever les impôts et de fixer les tarifs, d'organiser et de commander la force publique ils font pénétrer l'administration jusque dans la sphère des intérêts individuels ; ils veulent que l'état exploite les chemins de fer et les mines, qu'il commandite les industries qu'il n'exploitera pas, qu'il soit banquier, et le banquier de tout le monde, qu'il donne l'instruction, le crédit et le travail, qu'il se charge du sort de tous et de chacun, enfin qu'il aille au-delà de la Providence, qui, en semant les biens sous nos pas, avait du moins laissé quelque chose à faire à la liberté humaine. Deux milliards pour mener de front d'aussi nombreuses et d'aussi vastes opérations, en vérité ce n'est pas trop ; si quelqu'un proposait de s'en charger à moins, je le trouverais bien fourbe ou bien hardi, et je conseillerais en tout cas de se défier de ses promesses.

LES RECETTES

La statistique s'est occupée de déterminer la somme d'impôts que paie chaque individu dans les diverses contrées de l'Europe. Elle nous enseigne que les contributions dont se forme le revenu public représentent, à l'heure qu'il est, 45 fr. 40 cent. par tête en Angleterre, 43 fr. 75 cent. en Toscane, 42 fr. 75 cent. en Hollande, 39 francs en France, 26 fr. 25 cent. en Belgique, 22 fr. 85 cent. en Espagne, 22 fr. 50 cent. en Danemarck. 19 fr. 70 cent. en Sardaigne, 15 fr. 45 cent. en Bavière, 13 fr. 35 cent. en Prusse, 10 fr. 50 cent. en Autriche et 6 fr. 40 cent, en Russie. Faut-il induire de là que les peuples les moins imposés sont aussi les mieux gouvernés et les plus heureux, que le gouvernement anglais, par exemple, doit être placé au bas de l'échelle et que le gouvernement russe mérite d'en occuper le sommet ?

La charge de l'impôt est relative. La même contribution, qui paraîtra légère à un peuple riche, peut écraser un peuple comparativement indigent. Les Belges ne sont guère plus taxés que les Espagnols. Qui oserait cependant mettre la richesse actuelle de l'Espagne en parallèle avec celle de la Belgique ? Le peuple russe, dans un pays où la population est clair-semée et où l'industrie ne fait que de naître, supporterait difficilement un impôt plus élevé que les taxes modiques auxquelles il est soumis, tandis que le peuple anglais, qui paie des contributions sept fois plus fortes, grace aux ressources de son agriculture, de son industrie, de son commerce et de son crédit, en présence d'une nécessité critique, pourrait doubler son budget.

Ce n'est donc point parce que le budget socialiste nous présente en perspective une dépense de 2 milliards, ou de 55 fr. 55 cent. par individu, que je serais d'avis, sans autre examen, de rejeter cette combinaison dans les catacombes de l'utopie. Je me demande, avant tout, si l'école de M. Pelletier est en mesure de nous rendre assez riches pour qu'une contribution de 55 fr. 55 cent. ne nous pèse pas plus à l'avenir que ne le fait aujourd'hui une contribution de 38 fr. 90 cent. J'examine si les réformateurs radicaux ont inventé des recettes qu couvrent bien réellement les dépenses, et si le revenu public doit s'accroître, à leur signal, comme une marée montante qui n'aurait pas de reflux.

Faisons d'abord le compte des recettes qu'ils suppriment, et voyons comment ils procèdent à la destruction de l'impôt. Le revenu public a été évalué, dans le budget de 1851, en déduisant l'amortissement porté en recette pour ordre, à la somme de 1,296 millions. Là-dessus, le système socialiste retranche :

1° Les quatre contributions directes, dont le produit est encore estimé à 408,000,000 fr.

2° Les droits d'enregistrement et de timbre, avec les additions qu'ils viennent de recevoir, pour   251,000,000

3° Les droits divers, l'impôt sur les biens de main-morte, etc., pour 48,000,000

4° Les produits éventuels du service départemental, pour 17,000,000

5° Les taxes établies sur les boissons 100,000,000

Total général, sauf les fractions 824,000,000 fr.

Voilà donc, pour entrée de jeu, les deux tiers du budget des recettes, le plus clair du revenu public, dont on fait table rase. Le reste va s'absorber dans les monopoles que le socialisme s'efforce d'étendre et de grossir. Ne demandez pas de logique à ce système. En supprimant les droits d'entrée sur les boissons et les octrois, qui sont des douanes intérieures, il conserve les douanes, qui sont des octrois établis contre les produits étrangers. Les boissons cessent d'être imposées ; mais l'on maintient les taxes qui frappent les sucres et les sels, condimens tout aussi nécessaires à l'alimentation de l'homme. Abolir les contributions directes et convertir en monopoles les contributions indirectes que l'on n'efface pas de l'échiquier de l'impôt, voilà l'idée fondamentale dit budget tel que la fantaisie socialiste le construit.

Jusqu'à présent, l'on n'avait pas imaginé d'improviser, en matière d'impôt, une transformation soudaine ni complète. Les hommes d'état qui savent que les meilleures taxes sont celles qui ont pris racine, grace à une expérience séculaire, dans les mœurs des populations, et que les impôts les plus savamment combinés, par cela seul qu'ils sont nouveaux, doivent rencontrer les plus grands obstacles, s'étudient, dans les mesures de réforme, à modifier graduellement plutôt qu'à changer de fond en comble l'assiette des contributions. Ce fut ainsi que l'assemblée constituante remplaça la taille et les vingtièmes par un impôt direct basé sur le revenu du sol. Les hommes de février eux-mêmes, qui ne craignaient pas, au moment où ils voyaient se dessécher, sous le feu de la désorganisation révolutionnaire, les sources du revenu public, de retrancher la taxe des boissons, et avec cette taxe, un produit de 100 millions, s'attachèrent du moins fortement à l'impôt direct comme à l'ancre de salut des finances, et quand ils proposèrent l'impôt sur les assurances, ce ne fut qu'à titre d'essai et pour procurer au trésor une ressource supplémentaire de 40 millions. M. Garnier-Pagès, auprès duquel M. Pelletier est un Érostrate en finances, ne brûla pas du moins l'arche précieuse de l'impôt avant d'avoir éprouvé la solidité et la fécondité de la nouvelle matière imposable ; mais peut-on s'étonner de ce que le socialisme, qui prétend transformer la société tout entière, songe à transformer le budget ?

Les disciples de saint-Simon, qui procédaient eux aussi par voie de rénovation, mais qui avaient donné au mécanisme du crédit une attention plus intelligente que les acolytes de M. Proudhon ou de M. Pierre Leroux, proposèrent en 1831 de substituer l'emprunt à l'impôt pour subvenir aux dépenses publiques. Dans ce système, le capital de la dette pouvait impunément s'accroître chaque année, car la baisse de l'intérêt, que les publicistes du Globe supposaient infaillible et incessante, progressive et infinie, devait, par la réduction de la rente, ramener constamment les charges de l'état au même niveau. L'état avait-il besoin d'un milliard pour couvrir ses dépenses, il ouvrait un emprunt de pareille somme, en échange de laquelle il inscrivait au grand-livre une rente de 50 millions. L'année suivante, et pour faire place à de nouvelles inscriptions sans troubler l'équilibre financier, on réduisait l'intérêt de la rente d'un dixième ou d'un vingtième. D'année en année ou de lustre en lustre, la même opération devait se renouveler. Le mal est que l'intérêt de la dette, en supposant les circonstances les plus favorables ne peut pas se réduire aussi vite que s'accroît e capital des emprunts. Ajoutez que la baisse progressive de l'intérêt en partant de 5 pour marcher, quoique sans l'atteindre, vers zéro à un terme nécessaire, tandis que les besoins de l'état, en admettant qu'ils n'existent pas, se renouvellent sans ternie prévu ni possible.

Une illusion d'optique avait entraîné tous ces esprits généreux. Les socialistes d'aujourd'hui sont les dupes d'un mirage semblable. Ce n'est plus par l'emprunt, c'est par l'assurance qu'ils veulent désormais remplacer l'impôt. Sous la restauration, l'école libérale, exagérant la critique du pouvoir jusqu'à confondre le principe avec l'abus, considérait le gouvernement comme un mal nécessaire, comme un ulcère attaché aux flancs de la société. Aujourd'hui l'école socialiste reporte sur l'impôt cette haine aveugle. L'impôt n'est-il pas, selon M. Pelletier, « l'ennemi du peuple et le mauvais génie des gouvernans ? »

Examinons cependant si la solution présentée par le socialisme en 1850 vaut mieux que celle qui avait été indiquée par ses précurseurs en 1831. Il s'agit toujours pour l'état de prendre dans la bourse des citoyens les sommes destinées à défrayer les dépenses publiques. Seulement l'impôt serait prélevé a titre d'assurance pour les propriétés que les imposés possèdent, et les contribuables porteraient, sur les registres du fisc, le nom d'assurés. Ce système, qui paraît être le mot d'ordre du parti, est exposé par

M. Pelletier dans les termes qui suivent :

« Oui, les bénéfices sur les assurances et les autres services rendus seraient payés par les citoyens ; mais n'y a-t-il donc aucune différence entre un capital assuré, comme je le demande, et un capital imposé, comme il l'est actuellement ?

« Aujourd'hui l'on demande à la terre, aux maisons, au travail et à ses instrumens, de l'argent, beaucoup d'argent, et, s'il leur arrive malheur, si la grêle ravage les champs, si l'épizootie rend désertes les étables, si l'incendie et l'inondation détruisent quelques propriétés, on les abandonne à leur malheureux sort ; que dis-je ? on les abandonne ! on y fait passer le fisc pour s'informer s'il n'y a pas quelque chose à dévorer encore !

« Par les assurances et autres services rendus, au contraire, l'impôt, si toutefois on peut appeler impôt la rémunération d'un service rendu, l'impôt, dis-je, serait juste, proportionnel et léger.

« Il serait léger, parce qu'il n'assurerait les objets qu'à 2 pour 100 et jusqu'aux trois quarts seulement de leur valeur vénale, afin d'intéresser les assurés à la conservation de leur fortune et de les empêcher de spéculer sur des désastres.

« Il serait proportionnel, parce que celui qui posséderait beaucoup paierait beaucoup, celui qui posséderait peu paierait peu, et celui qui n'aurait rien à assurer ne paierait rien.

« Il serait juste, parce qu'après avoir demandé à chacun selon ses facultés, si le malheur venait à passer quelque part, aussitôt il y courrait, réparerait le mal, consolerait les affligés, et veillerait à ce que cela n'arrivât plus, ou arrivât le moins possible. »

Ainsi l'état, en se faisant assureur, devrait élever la prime d'assurance à un taux qui non-seulement couvrît les sinistres, mais qui lui permît encore de recueillir des bénéfices considérables. Ces bénéfices lui tiendraient lieu des taxes qui sont aujourd'hui perçues. Ce serait donc un impôt, un impôt proportionnel au capital du contribuable, et par conséquent un impôt sur le capital.

L'impôt direct sur le revenu, l'income-tax a échoué en France devant la résistance de l'opinion publique, parce qu'il ne pouvait pas s'accommoder à nos mœurs, et parce qu'il menait à l'inquisition des fortunes. Une taxe établie directement sur le capital aurait les mêmes conséquences, et rencontrerait à coup sûr une égale répulsion. Je reconnais qu'il est plus facile, à certains égards, d'atteindre le capital que de pénétrer dans les mystères du revenu individuel. Cependant, si l'on veut étendre la taxe aux capitaux mobiliers, au commerce et à l'industrie, on viendra se heurter à des difficultés tout aussi peu solubles. Il faudra exiger la déclaration du contribuable et contrôler cette déclaration par les recherches du fisc, pour donner une base moins hypothétique à l'impôt. Le mécanisme tout entier de l'income tax se dressera devant nous, et l'on retombera dans l'odieux de la même procédure.

Il y a plus, l'impôt sur le capital serait à la fois un expédient barbare et une véritable iniquité. En principe comme en fait, le revenu de l'état représente la portion disponible du revenu de la nation, et chacun doit y contribuer dans la mesure de ses ressources. Or, on ne vit pas de son capital ; le capital ne produit qu'à l'aide du travail qui le met en valeur, et ce sont les produits du capital qui défraient l'existence de tous et de chacun, qui pourvoient aux dépenses annuelles. Celui qui mange son fonds, au lieu de le faire fructifier et de se contenter du croît, est considéré comme un prodigue qui marche à grands pas à sa ruine. Que dire d'un gouvernement qui lèverait un tribut sur le capital, sinon qu'il donnerait l'exemple de la prodigalité au lieu d'encourager l'économie et la prévoyance, et qu'il dissiperait, au risque d'en tarir promptement la source, les forces productives du pays ?

En proportionnant l'impôt au capital, on ne le mesure pas aux fa cuités du contribuable. On fait payer la même taxe à un capital qui produit 5 pour 100, à un capital qui produit 3 pour 100, et à un capital qui ne produit rien du tout ; les valeurs en maisons, qui n'ont qu'une existence limitée, les industries qui exigent un amortissement, sont, traitées comme les rentes sur l'état, qui ont le caractère de la perpétuité, et comme les fonds de terre, qui ne perdent rien de leur valeur, qui gagnent même par la culture. Cette égalité apparente a donc pour résultat de créer des privilèges. L'état donne ainsi une prime aux capitaux les plus productifs, au détriment des placemens les moins prospères, et c'est par le fait la richesse qui trouve grace devant lui.

On nous dit, il est vrai, que l'impôt sur le capital agit comme l'éperon, qu'il frappe l'immobilité, qu'il détermine les capitalistes à employer leurs fonds de la façon la plus productive, et que par suite l'intérêt tend à se niveler entre les divers placemens. Avec cet argument, l'on pense établir qu'Inn système qui n'est pas conforme aujourd'hui à la justice distributive se rapprochera par la force des choses de l'équité, dans cent ans, dans cinquante ans peut-être. En supposant l'assertion fondée, il ne faudrait pas s'y arrêter, car, les gouvernemens ont pour mission non pas de régir les intérêts qui peuvent exister, mais de s'adresser à ceux qui existent. Ils n'ont pas le droit de surcharger ni de compromettre un présent qui mérite toute leur attention, au profit d'un avenir obscur, conjectural, incertain, et qui est encore dans les limbes : c'est la richesse acquise et non pas la richesse possible qui doit tribut à l'état.

Mais je n'admets pas que, même dans l'avenir, l'impôt sur le capital, dût-il stimuler l'activité des capitalistes les plus indifférens, puisse jamais être équitable. En effet, le produit des capitaux ne dépend pas uniquement de la nature des placemens ; il tient aussi, il tient principalement à l'habileté et à l'activité de ceux qui les mettent en œuvre. Il est très souvent personnel, comme le crédit : la terre est libérale pour le cultivateur, intelligent et avare de ses dons pour l'agriculteur négligent ou inhabile ; l'industrie rend ce qu'on lui fait rendre. Parler du capital sans considérer le revenu, et parler du revenu sans avoir égard au travail qui l'enfante, c'est se livrer à la plus puérile des abstractions.

Indépendamment de cette difficulté, l'état assumerait un rôle qui ne lui convient pas, en devenant l'assureur à prime et le garant universel des fortunes. L'impôt, dans sa forme la plus simple, doit être la rémunération d'un service rendu ; mais quels sont les services que l'état doit rendre ? L'état représente les intérêts généraux du pays ; il lui appartient d'y faire régner le bon ordre, de mettre à l'abri de toute atteinte inférieure ou extérieure la liberté, la sécurité, la propriété, le travail et la morale publique. En échange de cette garantie qu'il donne à chaque citoyen et à tous, chacun lui doit la part de son revenu qui est nécessaire pour subvenir aux dépenses du gouvernement. L'état est l'assureur des intérêts généraux ; mais c'est la seule garantie qu'il ait mission de donner. Quand on lui demande d'attacher sa caution aux intérêts particuliers, on cherche à le transporter hors de sa sphère naturelle. Le gouvernement n'est pas fait pour indemniser les contribuables de l'inclémence des saisons, de la rigueur des élémens, ni de l'imprudence ou de l'audace criminelle des hommes. Il appartient à la prévoyance humaine de chercher et de trouver des remèdes contre tous ces accidens. Chacun de nous n'a-t-il pas la ressource de t'épargne individuelle et de l'association collective ? Les gouvernemens ne doivent pas aller plus loin que la Providence ; qu'ils laissent quelque chose à faire à la liberté et à l'activité de chacun.

Non-seulement l'intervention de l'état n'aurait pas ici un caractère moral, mais elle pourrait être dangereuse. Prenons pour exemple les assurances contre l'incendie. Avec le système actuel, des compagnies à prime ou des associations régies par le principe de la mutualité assurant les propriétés, les incendies ne peuvent être l'ouvrage que de l'imprudence ou de la malveillance. Que le gouvernement se substitue aux compagnies, et l'on verra ce que peuvent faite les partis désespérés dans un mouvement politique ou dans une commotion sociale ! La guerre civile est, comme la guerre étrangère, impitoyable dans tout ce qui nuit au gouvernement qu'elle combat ; elle ne choisit pas toujours ses armes, et elle se sert de la torche comme de l'épée. On ne risque donc rien d'affirmer que les incendies se multiplieraient, si l'état devait réparer le dommage. En présentant son projet de loi sur les assurances à l'assemblée constituante, M. Duclerc évaluait à 50 pour 100 du produit annuel les sinistres à rembourser par les compagnies ; il estimait les frais d'administration à 10 pour 100, et les bénéfices à 10 pour 100. Nous n'exagérons pas en admettant que, dans les mains de l'état, le produit des assurances couvrirait à peine les sinistres.

Dans le budget socialiste, le revenu des assurances est porté pour 800 millions. Déduisons les 200 millions qui représentent la contribution de a centimes par traite, qui doit être fournie par les ouvriers sur leur salaire quotidien, et qui est pour eux la condition d'une indemnité en cas de maladie ou de chômage, ainsi que d'une retraite pour leurs vieux jours ; car cette recette parait destinée à couvrir une dépense au moins égale, et ne peut figurer que pour ordre dans les comptes de l'état. Il restera 600 millions pour le résultat brut des assurances contre l'incendie, contre la grêle, contre la gelée, contre les épizooties, contre les inondations et contre les risques de mer. Comment M. Pelletier et ses amis établissent-ils ce chiffre de 600 millions En élevant à 8 milliards le revenu annuel de la France ; mais c'est là une évaluation très contestable. M. Passy, dans l'exposé qui précède le projet de loi sur le revenu, ne l'estime qu'à 6 milliards, lesquels, à une moyenne de 5 pour 100, donneraient un capital de 120 milliards. Je penche pour cette estimation que je crois plus conforme à la réalité, et je ferai remarquer que 120 milliards, assurés aux trois quarts de leur valeur, et au taux de demi pour 100, ne produiraient pas au fisc plus de 450 millions. On voit que, sans perler des frais d'administration ni des sinistres, il y a de prime abord 150 millions à retrancher des calculs du socialisme. Encore n'est-ce que pour abonder dans les hypothèses de M. Pelletier que nous raisonnons sur de pareilles données, car elles n'ont certainement pas été suggérées par l'observation des faits. En 1848, les assurances contre l'incendie, les plus importantes de toutes, embrassaient un capital de 30 milliards, et les primes ou cotisations présentaient un résultat de 16 millions par année [4]. Suivant le compte de M. Pelletier, 30 milliards de valeurs assurées devraient donner à l'état 150 millions de recette brute. Il faudrait donc décupler la prime, c'est-à-dire l'impôt ; il faudrait exiger des assurés dix fois plus qu'ils ne paient aujourd'hui. Y a-t-il un seul exemple d'une pareille transformation dans l'histoire des finances ? La république de février porte encore, aux yeux de la population, la tache originelle des 45 centimes, et l'on croirait pouvoir établir, avec quelque chance de succès, un impôt qui, en cessant d'être volontaire, s'accroîtrait de 900 centimes pour 100 !

Que gagnerait cependant la propriété à la transformation de l'impôt en assurance ? Il n'en résulterait pour elle aucune sorte d'économie. Elle paie aujourd'hui à l'impôt direct 407 millions, et l'assurance contre l'incendie 16 millions, au total 423 millions, dont il lui rentre 155 millions sous la forme de remboursemens, de restitutions, de secours contre la grêle et de centimes affectés aux dépenses purement départementales ou communales, en sorte que l'état qui ne prélève en réalité, pour son propre compte, que 252 millions sur la propriété par les quatre contributions directes, lui demandera par la méthode de l'assurance 198 millions de plus, en admettant un capital de 6 milliards, et 348 millions de surcroît, dans l'hypothèse d'un capital de 8 milliards. L'impôt changera de nom, c'est quelque chose, mais en revanche il sera plus que doublé, et comme la main-d'œuvre, en définitive, reçoit le contre-coup de l'impôt, je doute que le système de M. Pelletier et de ses amis, qui ne lui vaudra certainement pas les remercîmens des personnages opulens, attire sur lui les bénédictions du pauvre.

Avant d'arriver aux monopoles, il est à propos de faire remarquer, dans le budget socialiste, divers impôts dont un ou deux contrastent singulièrement avec l'ensemble de cette combinaison financière. Ce sont d'abord « les droits protecteurs aux frontières, » ce qui signifie apparemment les droits de douane, dont le produit se trouve porté pour 100 millions. Si l'on veut que les droits de douane rapportent 180 millions, il faudra donner à cet impôt un caractère purement fiscal, c'est-à-dire effacer les prohibitions et modérer les taxes. Une douane protectrice, fermant la frontière aux produits étrangers, ne rapporterait rien ou presque rien au fisc ; elle ferait tout au plus la fortune des contrebandiers. La douane proprement dite ne rend pas aujourd'hui plus de 100 millions ; il y a donc de ce côté au moins 80 millions à rabattre.

Je ne retranche rien des produits de l'Algérie, des colonies, etc., indiqués pour 40 millions : je demande que l'on m'explique l'article des droits conservateurs, qui figurent pour 35 millions, et qui m'ont bien l'air d'être placés là comme une pierre d'attente pour rétablir plus tard les droits d'enregistrement ; mais je m'inscris en faux contre l'article des forêts et de la pêche, qui est aligné pour 39 millions. Eh quoi ! sous le régime de ce bienheureux socialisme qui doit restituer aux hommes les quatre droits naturels de chasse, de pêche, de cueillette et de pâture, l'état aurait des forêts dont il n'abandonnerait pas la jouissance à tout le monde ! l'état se réserverait, pour l'affermer à prix d'argent, le droit de pêcher le poisson des rivières et des lacs ! Évidemment, cela est contraire au principe du gouvernement, et le peuple, maître absolu, n'observerait pas une loi aussi peu populaire.

Le produit des monopoles figure dans le budget socialiste pour 805 millions. On rencontre d'abord les poudres à feu, les monnaies, les tabacs et les postes, que M. Pelletier conserve tels quels, les jugeant apparemment inventés à propos et de bonne prise. Viennent ensuite les chemins de fer, dont il porte le produit brut à 159 millions pour 4,000 kilomètres. C'est là une exagération manifeste. 3,000 kilomètres produisent aujourd'hui 85 millions ; en suivant la proportion, 1,000 kilomètres ne doivent pas produire plus de 113 millions. Voilà donc encore 46 millions à rabattre.

Mais est-ce bien tout ? On peut tenir pour constant que 4,000 kilomètres de chemins de fer dans les mains de l'état ne rapporteront pas plus que 3,000 kilomètres dans les mains des compagnies. Il y a deux raisons à cela : la première, c'est que l'état, sollicité par tous les intérêts et à la merci de tous, ne pourra pas résister aux demandes qu'on lui adressera, sous le plus léger prétexte, pour l'abaissement des tarifs, et que les tarifs, de réduction en réduction, finiront par n'être plus rémunérateurs ; la seconde, c'est que l'état n'a pas qualité pour faire produire à l'exploitation tout ce qu'elle doit produire. Le gouvernement ne doit faire et ne sait faire que les choses simples. Or, parmi les opérations commerciales, il n'en est pas de plus compliquée ni de plus délicate que l'exploitation d'un chemin de fer. Elle exige la réunion des aptitudes les plus diverses : le coup d'œil de l'administrateur, l'habileté du banquier, la science de l'ingénieur, le talent du constructeur, la précision et les ressources du mécanicien, la pénétration de l'économiste appliqué à découvrir les débouchés, et l'exactitude ainsi que l'économie du commerçant habitué à proportionner au résultat l'effort et la dépense. L'administration d'un chemin de fer rassemble plusieurs industries et entretient un immense personnel. Pour donner la vie à toutes ces usines et pour animer toutes ces opérations, l'intelligence et l'activité de l'intérêt privé sont des stimulans nécessaires. Voyez le gouvernement belge ; c'est là une puissance neutre et le moins occupé des gouvernemens. Placé à la tête d'un pays qui va tout seul, on dirait qu'il a imaginé de construire et d'exploiter son réseau de chemins de fer pour avoir l'air de faire quelque chose. Eh bien ! réduit à cette unique occupation, il ne s'en est pas tiré tout-à-fait aux applaudissemens de l'Europe. Il ne se peut rien voir de plus mal outillé ni de plus mal exploité que les chemins de fer belges. Les convois y cheminent avec une lenteur désespérante. Après quinze ans d'exploitation, ayant à desservir une population agglomérée, riche et active, ils ont si faiblement développé la circulation, que le chemin du Nord, à lui seul et dès cette année, obtiendra un revenu beaucoup plus considérable. Faut-il parler du chemin de fer de Lyon ? Bien que M. le ministre des travaux publics en ait placé l'exploitation sous la surveillance des nommes les plus habiles, il n'a nullement répondu aux espérances que, cette grande voie de communication avait fait naître. C'est une ligne qui, au lieu de surpasser le chemin du Nord, comme on l'avait cru, se place à peine au même rang que Strasbourg.

Dans toutes les hypothèses, il y a donc plus de 60 millions à retrancher du produit de ce monopole. M. Pelletier enfle dans une proportion égale les résultats de ceux qui suivent. Ainsi les mines de houille et d'anthracite donnent un produit brut de 33 millions ; il le porte sans balancer à 40. Les salines, en combinant l'impôt actuel avec la valeur des sels qui entrent dans le commerce, pourraient produire 38 millions ; il en met 78 en ligne de compte. On exagère la valeur du fer, de la fonte, de l'acier et du cuivre produits en France, quand on les porte à 100 millions, année moyenne ; M. Pelletier écrit 140 millions. Ainsi voilà 147 millions de mécompte sur les monopoles, auxquels il faut ajouter, selon le calcul le plus modéré, 150 millions sur les assurances, a u total 297 millions à rayer des recettes dont les socialistes s'étudient à dresser vers l'avenir le gigantesque échafaudage.

Cependant le chef-d'œuvre de ce budget est sans contredit l'article relatif aux banques. M. Pelletier estime le produit de ce monopole, les bénéfices bruts que l'état devrait retirer chaque année de l'émission du papier-monnaie, au moyen de l'escompte ou des prêts sur rente, à la somme de 215 millions. J'ai voulu me rendre compte des élémens de cet énorme revenu, que ne produiraient pas assurément toutes les banques publiques du monde civilisé mettant en commun leurs recettes. Voici ce que j'ai trouvé.

Le produit brut des opérations de la Banque de France en 1847 a été, déduction faite de l'intérêt des rentes qu'elle possède, d'environ 13 millions et demi de francs, au taux de 5 pour cent qui a réglé pendant cette année seulement, la prime des avances et de l'escompte. Un revenu brut de 13 millions et demi supposait une circulation moyenne de 270 millions. La circulation moyenne n'a été cependant que de 247 millions dans cette période, parce que la Banque a fait en espèces une partie de ses escomptes. Il n'est pas à présumer que la république sociale approvisionne sa banque de numéraire, ni que les capitalistes, s'il en existe encore, s'empressent d'y déposer des espèces métalliques. J'admets donc que la banque socialiste ne prêtera sur effets de commerce ou sur rentes que ses propres billets. Cela étant. un bénéfice de 215 millions suppose, si la Banque prête à cinq pour cent, une circulation moyenne de 4,320,000,000 francs ; si la banque prête à quatre pour cent, une circulation moyenne de 5,335,000,000 francs ; si la banque prête à trois pour -100, une circulation moyenne de 7,235,000,000 francs, et si la banque prête à deux et demi pour 100 une circulation moyenne de 8,640,000,000 francs.

Maintenant il faut reconnaître que les socialistes, après avoir fait reposer tout leur système sur la nécessité de donner au peuple, sinon gratuitement, du moins à bon marché, les instrumens du travail, ne peuvent pas élever au-dessus de 3 pour 100 la prime de l'escompte, A ce taux, la banque nationale de M. Pelletier, pour réaliser 215 millions de recette, devrait donc porter ses émissions à plus de 7 milliards de francs, et cela sans préjudice du papier que la banque devrait émettre pour le service de l'état. Nous voilà donc en plein régime de papier-monnaie ; le papier-monnaie est, comme on le voit, le dernier mot et l'inévitable conséquence du système.

En vain M. Pelletier consentirait-il à réduire de moitié les opérations et les bénéfices de la banque qui doit devenir le principal engin du gouvernement. Une émission moyenne de 1i milliards représenterait encore huit fois la circulation actuelle de la Banque de France. 500 millions en billets au porteur suffisent aujourd'hui aux besoins du commerce. Supposez une expansion des affaires sans exemple, qui aille jusqu'au double des transactions de l'année 1850, et que défraierait largement une circulation d'un milliard. Si vous étendez les émissions à 4 milliards, vous réduisez la valeur des billets de banque au quart de ce qu'elle serait naturellement, vous dépréciez tous les contrats et tentes les valeurs de 75 pour 100, vous proclamez la banqueroute, et vous consommez la ruine universelle.

Est-ce là une fiction du raisonnement ? Que l'on consulte l'histoire. En

1797, la banque d'Angleterre suspendit ses paiemens en espèces ; elle avait alors une circulation de 10 millions sterling, égaie par conséquent à celle de la flanque de France en 1847. En 1810, les émissions avaient doublé ; mais, comme l'industrie et le commerce britanniques avaient pris simultanément un grand essor, la dépréciation des billets n'excédait pas alors 15 et demi pour 100. Quatre ans plus tard, en 1814, la circulation moyenne montait de 21 à 24 millions sterling, et la dépréciation des billets allait jusqu'à 39 pour 100. Un pas de plus, et le crédit de l'Angleterre était bouleversé de fond en comble.

En France et dans notre première révolution, le désordre monétaire ne s'est pas arrêté là. Les assignats, dès leur apparition en 1790, perdaient 5 pour 100 à l'échange. En 1796, ils ne conservaient plus que demi pour 100 de leur valeur nominale. Un assignat de 1,000 livres se donnait pour une paire de souliers. Il est vrai que la planche d'émission avait fonctionné sans intervalle jusqu'à répandre dans le pays pour 45 milliards de papier ; mais la fatalité de la situation le voulait ainsi : partout où le gouvernement aura la faculté d'émettre du papier-monnaie, l'émission et par contre la dépréciation des billets ne connaîtront pas de limites.

CONCLUSION

En résumé, M. Pelletier ne nous a donné qu'une esquisse incomplète et timide de ce que serait le budget accommodé aux vues du socialisme. Il ne réalise pas la gratuité du crédit, et s'arrête sur le seuil de cette région des prodiges ; il ne pousse pas assez loin le monopole industriel et financier pour fonder, d'un bout à l'autre du territoire et dans les campagnes comme dans les villes, le règne du droit au travail ; enfin, après nous avoir menacés de raser le clocher du village et de remplacer partout, dans le symbole social, Dieu, par l'homme, il oublie de mettre en réserve le capital à l'aide duquel le nouveau gouvernement doit élever dans chaque commune un temple à l'incrédulité, au désordre et à la paresse l'hospice des invalides civils. Malgré toutes ces lacunes, quand on veut prendre les données de M. Pelletier au sérieux, on ne tarde pas à reconnaître que son budget des dépenses s'élèvera, dès le début et avant d'avoir reçu les accroissemens dont il nous menace, à quelque chose comme 2 milliards, tandis que son budget des recettes, en admettant que les socialistes consentent à payer des taxes, descendra infailliblement au-dessous de 1,500 millions. Ainsi, au lieu de pouvoir compter sur un excédant annuel de 100 millions pour réduire la dette publique, le Colbert de cette époque aura de prime abord, et pour mettre son génie à l'épreuve, un déficit d'un demi-milliard à couvrir.

Mais j'abuse, en vérité, de l'indulgence qu'il est de bon goût d'avoir pour ses adversaires, quand je m'en tiens, pour exposer le système financier du socialisme, aux combinaisons terre à terre de M. Pelletier. Si l'on donnait ce budget à faire aux véritables pontifes, à M. Louis Blanc, à M. Considérant ou à M. Pierre Leroux, ils le tailleraient sur un patron bien autrement large. Le gouvernement, converti en atelier national, en phalanstère ou en couvent du panthéisme, se chargerait de toutes les dépenses du pays, pour avoir le droit d'en percevoir tous les revenus. Alors le maniement des deniers publics prendrait des développemens sans bornes. Les dépenses, qui se comptent aujourd'hui par millions, se compteraient désormais par milliards. Le budget de ce temps-là serait, aux petits budgets de la monarchie et même aux budgets républicains, ce que devait être aux statues de Praxitèle et de Phidias le colosse fabuleux de Rhodes.

Quant au revenu public, ceux qui sont curieux d'apprendre ce qu'il deviendrait dans la république sociale n'ont qu'à consulter les livres des associations communistes, qui, après avoir donné le spectacle d'une existence non pas précisément laborieuse, mais très agitée et fort peu prospère, sont venues faire retentir les tribunaux des scandales de leur agonie. On peut compter sur les doigts celles qui n'ont pas suivi ! i chemin de l'escroquerie pour aboutir à la faillite. Tout gouvernement qui confisque la liberté humaine paralyse du même coup les forces productives de la société. Les financiers de la montagne auront beau multiplier les dépenses de l'état, ils n'augmenteront pas les recettes. Le déficit, cet accident déjà trop fréquent dans les budgets monarchiques, deviendra pour le budget socialiste un résultat permanent et en quelque sorte normal. Comment rétablir l'équilibre ? L'avènement du socialisme, envisagé par le côté des finances publiques, n'est pas autre chose que l'avènement du papier-monnaie.

On sait maintenant ce qu'il faut penser de ces fastueux programmes. Aux promesses du socialisme, nous préférons encore ses clameurs. Le socialisme brutal de ce temps-ci, tout comme le socialisme savant de 1831, échoue misérablement dès qu'il abandonne le terrain de la critique ; la période positive ou de doctrine ne viendra jamais pour lui. Il ne connaîtra jamais d'autre organisation que celle des sociétés secrètes ; il aura toujours le marteau de la démolition à la main, et sa bouche ne lancera que des provocations ou des blasphèmes. Félicitons-nous cependant des efforts qu'il fait aujourd'hui pour parler une langue qui n'est pas la sienne, et pour composer un embryon de budget. Ces efforts sont autant d'aveux devant lesquels il faut que toutes les illusions tombent. Le socialisme ne pourra plus se répandre en lamentations hypocrites sur l'énormité des dépenses publiques, lui qui, non content des 1,500 millions de 1851 et des 1,800 millions de 1848, veut porter le budget à 2 milliards. Le socialisme n'aura plus le droit de nous recommander l'économie, lui qui ajoute sans hésiter 100 millions aux charges annuelles de la dette, qui entreprend d'élever les enfans aux frais du trésor, et qui pensionne les ouvriers hors de service. Le socialisme ne s'élèvera plus contre le trop grand nombre des fonctionnaires, après avoir déroulé à nos eux ce plan de monopole qui enrégimente et qui élève à la dignité de serviteurs de l'état tous les employés des chemins de fer et des banques, comme tous les ouvriers des salines, des houillères et des usines à fer, une seconde armée aussi nombreuse pour le moins que celle qui remplit les cadres de l'infanterie, de la cavalerie et de l'artillerie. Enfin, le socialisme ne fera plus la guerre à l'impôt, lui qui, au lieu de le supprimer, comme il s'en était vanté, n'en change la forme et le nom que pour en étendre le domaine.

Voilà le service que nous a rendu M. Pelletier ; voilà ce qui restera des manifestes de la montagne. À l'avenir, aucun démagogue ne pourra séduire les ouvriers, ni tromper les paysans, en leur racontant que Napoléon, qui ne connaissait que les besoins de la guerre, a dit en 1806, au conseil d'état, qu'un budget de 600 millions devait suffire en temps de paix à la France, ou que M. Mathieu de la Drôme, préludant à sa circulaire électorale, a déclaré, sans être contredit, devant l'assemblée constituante, que le budget des dépenses devait se renfermer dans les limites d'un milliard ; car M. Mathieu de la Drôme, un an plus tard, a été réfuté, sur ce point, avec un grand luxe de chiffres, par M. Pelletier, et n'a pas cherché à lui répondre.

Ainsi, le socialisme travaille pour nous ; il se charge de projeter sur le tableau de notre situation, l'ombre qui en fait ressortir la lumière. L'attachement à l'ordre s'est relevé et fortifié en France après les terribles épreuves de février et de juin 1848 ; les orgies de l'incrédulité ont favorisé la réaction religieuse ; on donne des chances au despotisme en attaquant ou en chicanant le pouvoir. Le socialisme enfin ne pouvait rien inventer de mieux que la publication de son budget, pour réhabiliter l'administration et pour rendre l'impôt populaire.

LÉON FAUCHER

NOTES

[1] L'étendue des chemins exploités aujourd'hui est d'environ trois mille kilomètres.

[2] En 1849, sur le chemin du Nord, la section de Paris à Amiens a produit 65,000 fr. par kilomètre, celle d'Amiens à la frontière belge 30,200 fr., et ces deux sections, formant la ligne principale, ensemble 46,700 fr. Les embranchemens de Lille à Dunkerque et à Calais ont produit 13,300 fr. par kilomètre ; celui de Creil à Saint-Quentin jusqu'à Chauny a produit 13,800 fr.

[3] En 1847, l'état a dépensé en travaux extraordinaires 177 millions, et les compagnies plus de 120 millions.

[4] Voir l'exposé du projet de décret sur les assurances, présenté par le ministre des finances le 15 juin 1848.

www.ingramcontent.com/pod-product-compliance
Lightning Source LLC
Chambersburg PA
CBHW070230210526
45168CB00019B/1431